Impressum
Verlag: BABADADA GmbH, Nedderfeld 112 , 22529 Hamburg
Geschäftsführer / Verlagsleitung: Harald Hof
Druck: Books on Demand GmbH, In de Tarpen 42, 22848 Norderstedt

Imprint
Publisher: BABADADA GmbH, Nedderfeld 112 , 22529 Hamburg, Germany
Managing Director / Publishing direction: Harald Hof
Print: Books on Demand GmbH, In de Tarpen 42, 22848 Norderstedt, Germany

класна кімната
Klassenzimmer

ділити
dividieren

186/2

дошка
Tafel

шкільний двір
Schulhof

вчитель
Lehrer

папір
Papier

писати
schreiben

ручка
Stift

письмовий стіл
Schreibtisch

лінійка
Lineal

книга
Buch

учень
Schüler

ранець

Ranzen

пенал

Federmappe

олівець

Bleistift

точило

Bleistiftanspitzer

гумка

Radiergummi

альбом для малювання

Zeichenblock

малюнок

Zeichnung

пензель

Pinsel

коробка фарб

Malkasten

ножиці

Schere

клей

Klebstoff

зошит

Übungsheft

домашнє завдання

Hausaufgabe

12

число

Zahl

2+2

додавати

addieren

5-2

віднімати

subtrahieren

2×2

множити

multiplizieren

рахувати

rechnen

A

літера

Buchstabe

ABCDEFG HIJKLMN OPQRSTU VWXYZ

абетка

Alphabet

слово

Wort

текст

Text

читати

lesen

крейда

Kreide

година

Stunde

класний журнал

Klassenbuch

екзамен

Prüfung

диплом

Zeugnis

шкільна форма

Schuluniform

освіта

Ausbildung

лексикон

Lexikon

університет

Universität

мікроскоп

Mikroskop

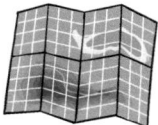

карта

Karte

кошик для паперу

Papierkorb

подорож
Reise

готель
Hotel
Grand
турбаза
Herberge
ROOMS
обмінний пункт
Wechselstube
CHANGE
валіза
Koffer
автомобіль
Auto

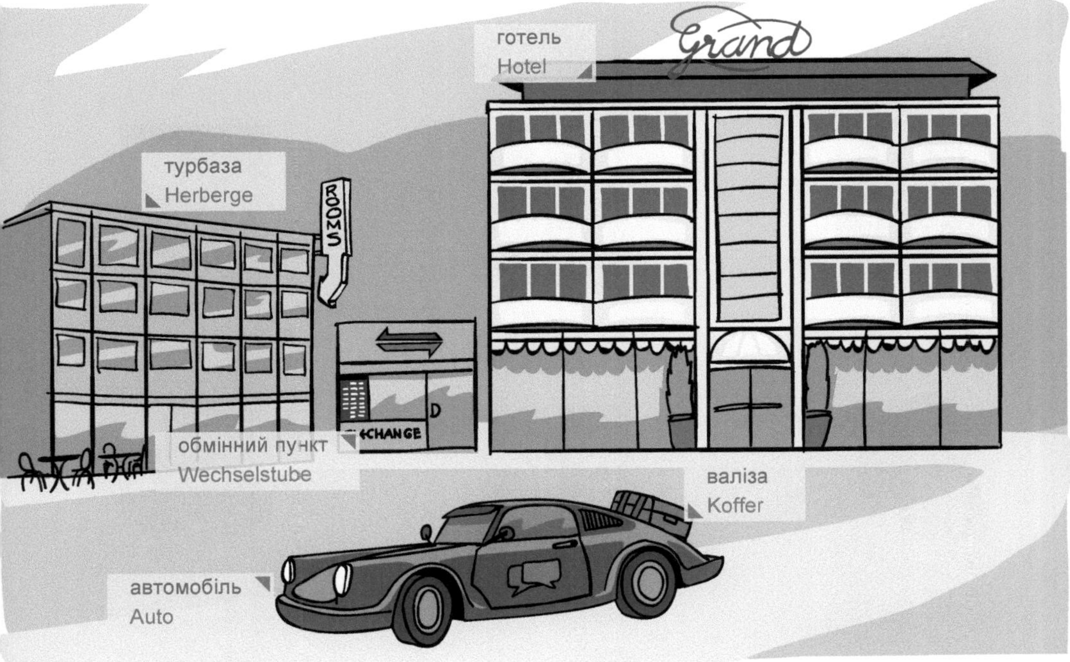

мова

Sprache

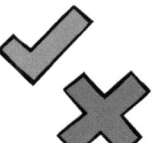

так / ні

ja / nein

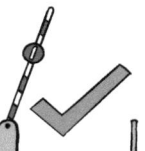

добре

Okay

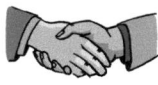

привіт

Hallo

перекладач

Übersetzer

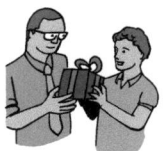

дякую

Danke

Скільки коштує ...?

Was kostet…?

Я не розумію

Ich verstehe nicht

проблема

Problem

Добрий вечір!

Guten Abend!

Доброго ранку!

Guten Morgen!

На добраніч!

Gute Nacht!

До побачення

Auf Wiedersehen

напрямок

Richtung

багаж

Gepäck

сумка

Tasche

рюкзак

Rucksack

гість

Gast

кімната

Zimmer

спальний мішок

Schlafsack

намет

Zelt

туристична інформація

Touristeninformation

пляж

Strand

кредитна картка

Kreditkarte

сніданок

Frühstück

обід

Mittagessen

вечеря

Abendessen

квиток

Fahrkarte

ліфт

Fahrstuhl

поштова марка

Briefmarke

межа

Grenze

митниця

Zoll

посольство

Botschaft

віза

Visum

паспорт

Pass

транспорт

Transport

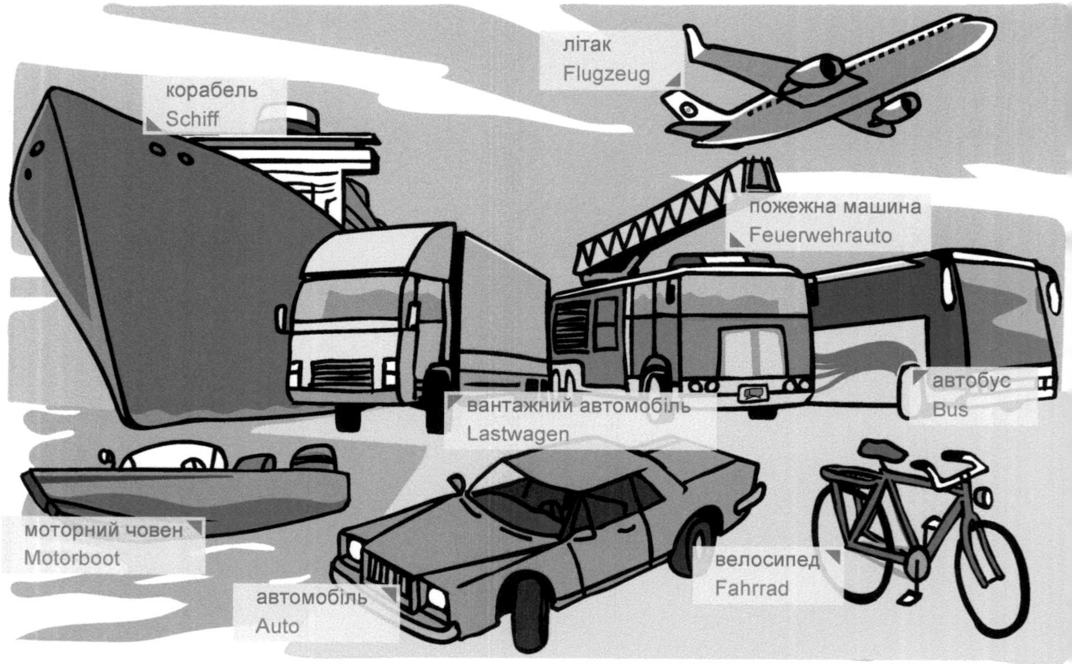

літак
Flugzeug
корабель
Schiff
пожежна машина
Feuerwehrauto
автобус
Bus
вантажний автомобіль
Lastwagen
моторний човен
Motorboot
велосипед
Fahrrad
автомобіль
Auto

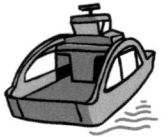

пором
Fähre

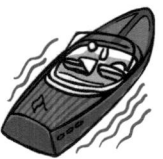

човен
Boot

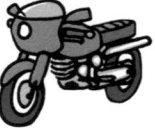

мотоцикл
Motorrad

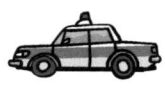

поліцейська машина
Polizeiauto

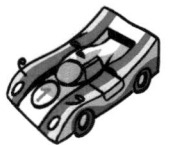

гоночний автомобіль
Rennauto

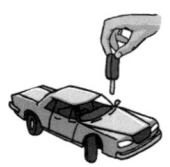

автомобіль на прокат
Mietwagen

спільне користування авто

Carsharing

евакуатор

Abschleppwagen

сміттєвоз

Müllauto

двигун

Motor

паливо

Kraftstoff

автозаправна станція

Tankstelle

дорожній знак

Verkehrsschild

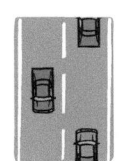

рух

Verkehr

затор

Stau

стоянка

Parkplatz

вокзал

Bahnhof

рейки

Schienen

потяг

Zug

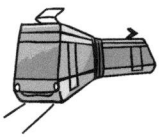

трамвай

Straßenbahn

вагон

Wagon

гелікоптер

Helikopter

аеропорт

Flughafen

вежа

Tower

пасажир

Passagier

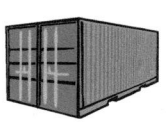

контейнер

Container

коробка

Karton

візок

Karren

кошик

Korb

стартувати / приземлятися

starten / landen

місто
Stadt

село

Dorf

центр міста

Stadtzentrum

дім

Haus

кіно
Kino

реклама
Werbung

вуличний ліхтар
Straßenlaterne

CINEMA

вулиця
Straße

таксі
Taxi

кіоск
Kiosk

пішохід
Fußgänger

тротуар
Bürgersteig

пішохідний перехід
Zebrastreifen

сміттєве відро
Mülltonne

перехрестя
Kreuzung

світлофор
Ampel

хатина

Hütte

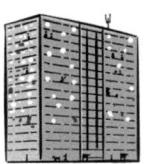

квартира

Wohnung

вокзал

Bahnhof

ратуша

Rathaus

музей

Museum

школа

Schule

університет

Universität

банк

Bank

лікарня

Krankenhaus

готель

Hotel

аптека

Apotheke

офіс

Büro

книжковий магазин

Buchhandlung

магазин

Geschäft

квітковий магазин

Blumenladen

супермаркет

Supermarkt

ринок

Markt

універмаг

Kaufhaus

торговець рибою

Fischhändler

торговельний центр

Einkaufszentrum

гавань

Hafen

парк

Park

лава

Bank

міст

Brücke

сходи

Treppe

метро

U-Bahn

тунель

Tunnel

автобусна зупинка

Bushaltestelle

бар

Bar

ресторан

Restaurant

поштова скринька

Briefkasten

вулична табличка

Straßenschild

лічильник паркування

Parkuhr

зоопарк

Zoo

басейн

Badeanstalt

мечеть

Moschee

ферма

Bauernhof

забруднення навколишнього середовища

Umweltverschmutzung

кладовище

Friedhof

церква

Kirche

дитячий майданчик

Spielplatz

храм

Tempel

ландшафт
Landschaft

листок
Blatt

вказівний стовп
Wegweiser

шлях
Weg

луг
Wiese

камінь
Stein

мандрівник
Wanderer

дерево
Baum

річка
Fluss

трава
Gras

квітка
Blume

долина
Tal

гора
Berg

озеро
See

ліс
Wald

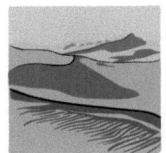

пустеля
Wüste

вулкан
Vulkan

замок
Schloss

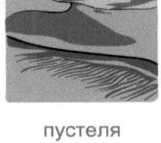

веселка
Regenbogen

гриб
Pilz

пальма
Palme

комар
Moskito

муха
Fliege

мурашка
Ameise

бджола
Biene

павук
Spinne

жук

Käfer

жаба

Frosch

вивірка

Eichhörnchen

їжак

Igel

заєць

Hase

сова

Eule

птах

Vogel

лебідь

Schwan

кабан

Wildschwein

олень

Hirsch

лось

Elch

гребля

Staudamm

вітряк

Windrad

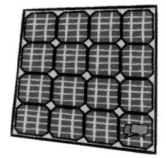

сонячний модуль

Solarmodul

клімат

Klima

ландшафт - Landschaft

ресторан
Restaurant

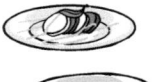

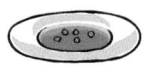

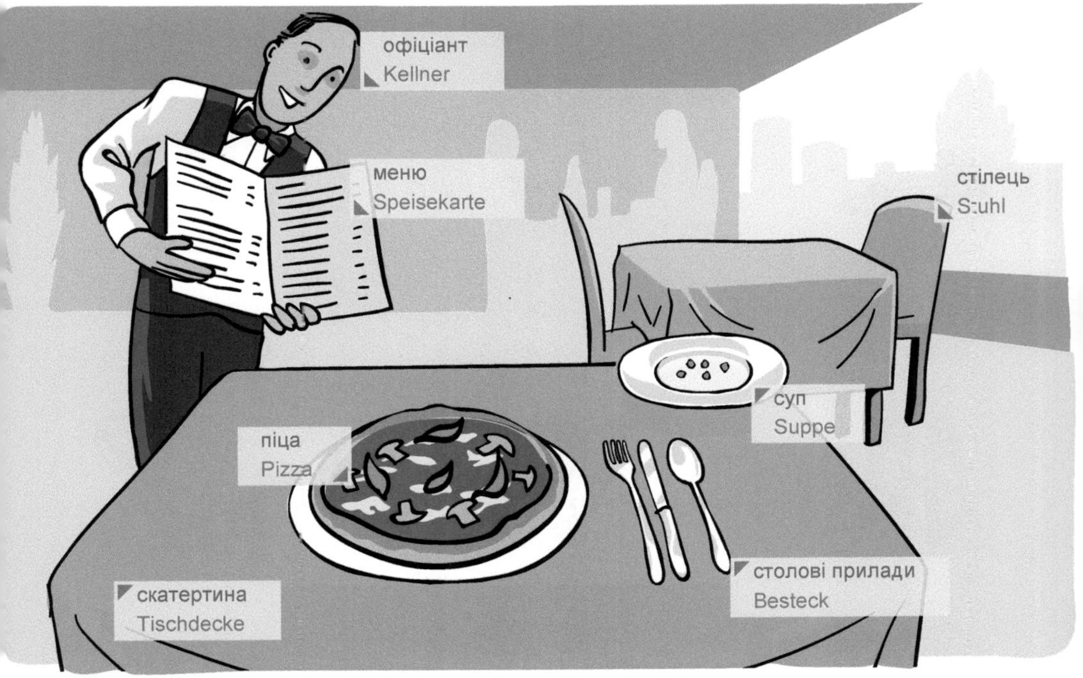
офіціант
Kellner
меню
Speisekarte
стілець
Stuhl
суп
Suppe
піца
Pizza
скатертина
Tischdecke
столові прилади
Besteck

закуска
....
Vorspeise

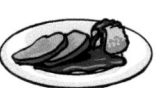

друга страва
....
Hauptgericht

десерт
....
Nachspeise

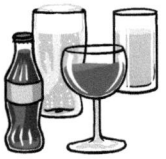

напої
....
Getränke

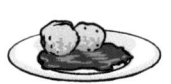

їжа
....
Essen

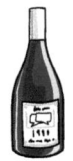

пляшка
....
Flasche

фаст-фуд

Fastfood

вулична їжа

Streetfood

чайник

Teekanne

цукорниця

Zuckerdose

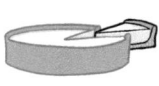

порція

Portion

еспресо-машина

Espressomaschine

високий стільчик

Hochstuhl

рахунок

Rechnung

піднос

Tablett

ніж

Messer

вилка

Gabel

ложка

Löffel

чайна ложка

Teelöffel

серветка

Serviette

склянка

Glas

ресторан - Restaurant

тарілка

Teller

тарілка для супу

Suppenteller

блюдце

Untertasse

соус

Sauce

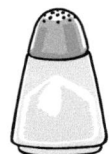

солонка

Salzstreuer

млин для перцю

Pfeffermühle

оцет

Essig

масло

Öl

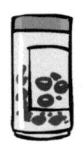

спеції

Gewürze

кетчуп

Ketchup

гірчиця

Senf

майонез

Mayonnaise

супермаркет

Supermarkt

пропозиція
Angebot
FOR
клієнт
Kunde
молочні продукти
Milchprodukte
фрукти
Obst
візок для покупок
Einkaufswagen

BUTCHERS

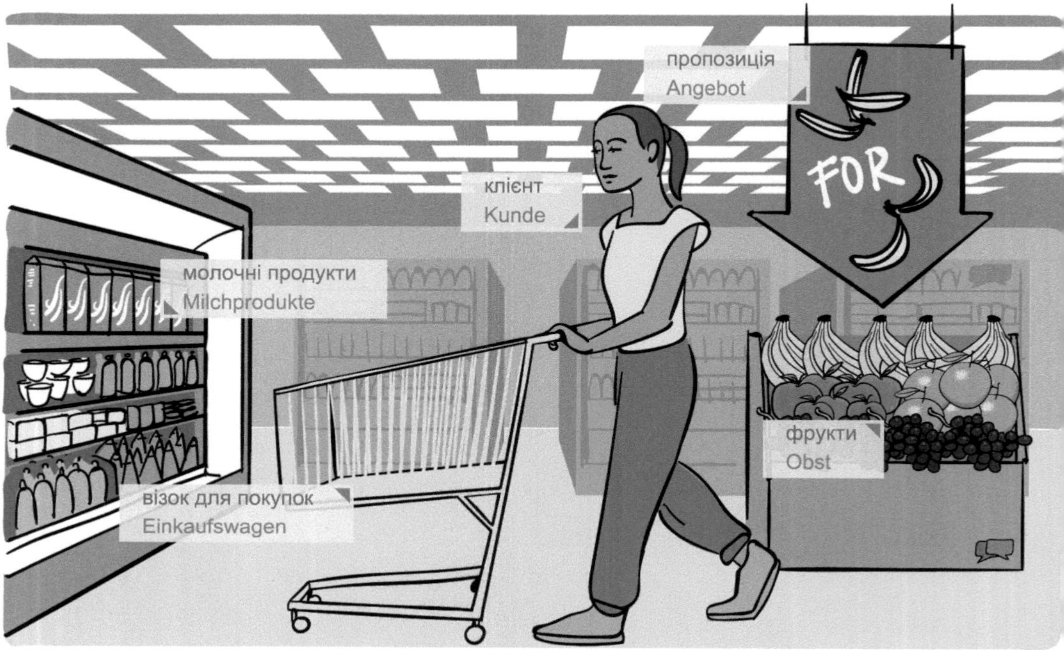

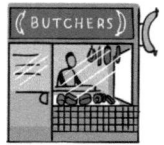

м'ясний магазин

Schlachterei

BAKERY

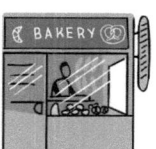

пекарня

Bäckerei

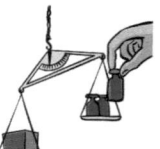

зважувати

wiegen

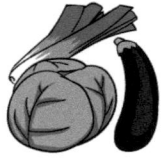

овочі

Gemüse

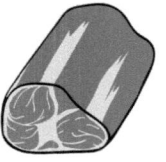

м'ясо

Fleisch

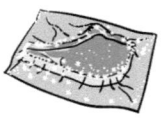

заморожені продукти

Tiefkühlkost

ковбасна нарізка

Aufschnitt

консерви

Konserven

пральний порошок

Waschmittel

солодощі

Süßigkeiten

предмети домашнього побуту

Haushaltsartikel

мийний засіб

Reinigungsmittel

продавщиця

Verkäuferin

каса

Kasse

касир

Kassierer

список покупок

Einkaufsliste

часи роботи

Öffnungszeiten

гаманець

Brieftasche

кредитна картка

Kreditkarte

сумка

Tasche

поліетиленовий пакет

Plastiktüte

Getränke

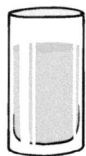
вода
Wasser

сік
Saft

молоко
Milch

кола
Cola

вино
Wein

пиво
Bier

алкоголь
Alkohol

какао
Kakao

чай
Tee

кава
Kaffee

еспресо
Espresso

капучіно
Cappuccino

банан

Banane

яблуко

Apfel

апельсин

Orange

кавун

Melone

лимон

Zitrone

морква

Karotte

часник

Knoblauch

бамбук

Bambus

цибуля

Zwiebel

гриб

Pilz

горішки

Nüsse

локшина

Nudeln

спагеті

Spaghetti

рис

Reis

салат

Salat

картопля фрі

Pommes frites

смажена картопля

Bratkartoffeln

піца

Pizza

гамбургер

Hamburger

бутерброд

Sandwich

шніцель

Schnitzel

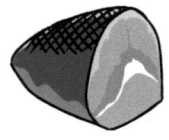

шинка

Schinken

салямі

Salami

ковбаса

Wurst

курка

Huhn

печеня

Braten

риба

Fisch

вівсяні пластівці

Haferflocken

мюслі

Müsli

кукурудзяні пластівці

Cornflakes

борошно

Mehl

круасан

Croissant

булочка

Brötchen

хліб

Brot

тостовий хліб

Toast

печиво

Kekse

масло

Butter

сир

Quark

пиріг

Kuchen

яйце

Ei

яєчня

Spiegelei

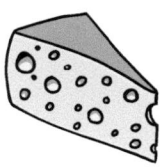

сир

Käse

морозиво

Eiscreme

цукор

Zucker

мед

Honig

мармелад

Marmelade

нуга-крем

Nougat-Creme

карі

Curry

ферма
Bauernhof

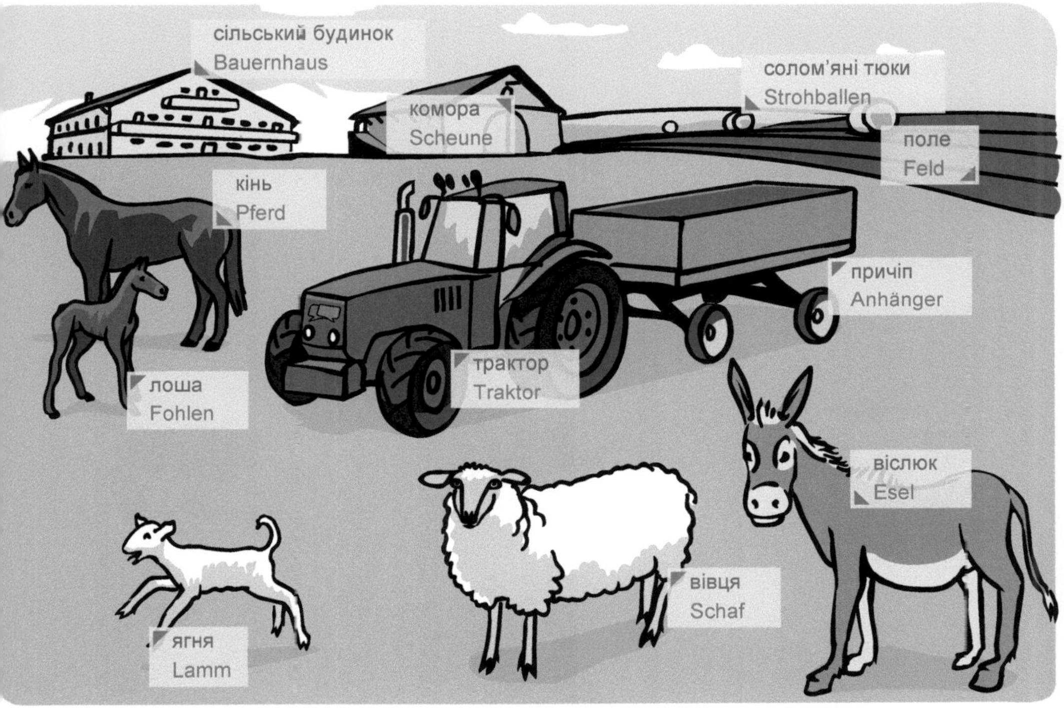
сільський будинок
Bauernhaus
комора
Scheune
солом'яні тюки
Strohballen
поле
Feld
кінь
Pferd
причіп
Anhänger
трактор
Traktor
лоша
Fohlen
віслюк
Esel
вівця
Schaf
ягня
Lamm

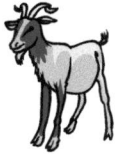

коза
Ziege

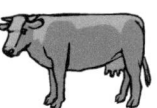

корова
Kuh

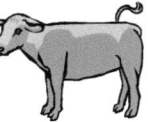

теля
Kalb

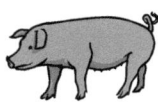

свиня
Schwein

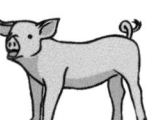

порося
Ferkel

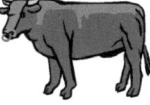

бик
Bulle

гусак

Gans

качка

Ente

курча

Küken

курка

Huhn

півень

Hahn

щур

Ratte

кіт

Katze

миша

Maus

віл

Ochse

собака

Hund

собача будка

Hundehütte

садовий шланг

Gartenschlauch

лійка

Gießkanne

коса

Sense

плуг

Pflug

серп

Sichel

мотика

Hacke

вила

Mistgabel

сокира

Axt

тачка

Schubkarre

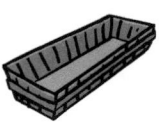

корито

Trog

бідон молока

Milchkanne

мішок

Sack

паркан

Zaun

хлів

Stall

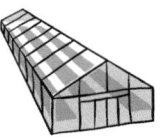

теплиця

Treibhaus

ґрунт

Boden

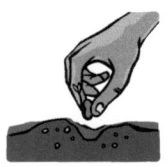

насіння

Saat

добриво

Dünger

комбайн

Mähdrescher

пожинати

ernten

урожай

Ernte

корінь ямсу

Yamswurzel

пшениця

Weizen

соя

Soja

картопля

Kartoffel

кукурудза

Mais

ріпак

Raps

плодове дерево

Obstbaum

маніок

Maniok

злаки

Getreide

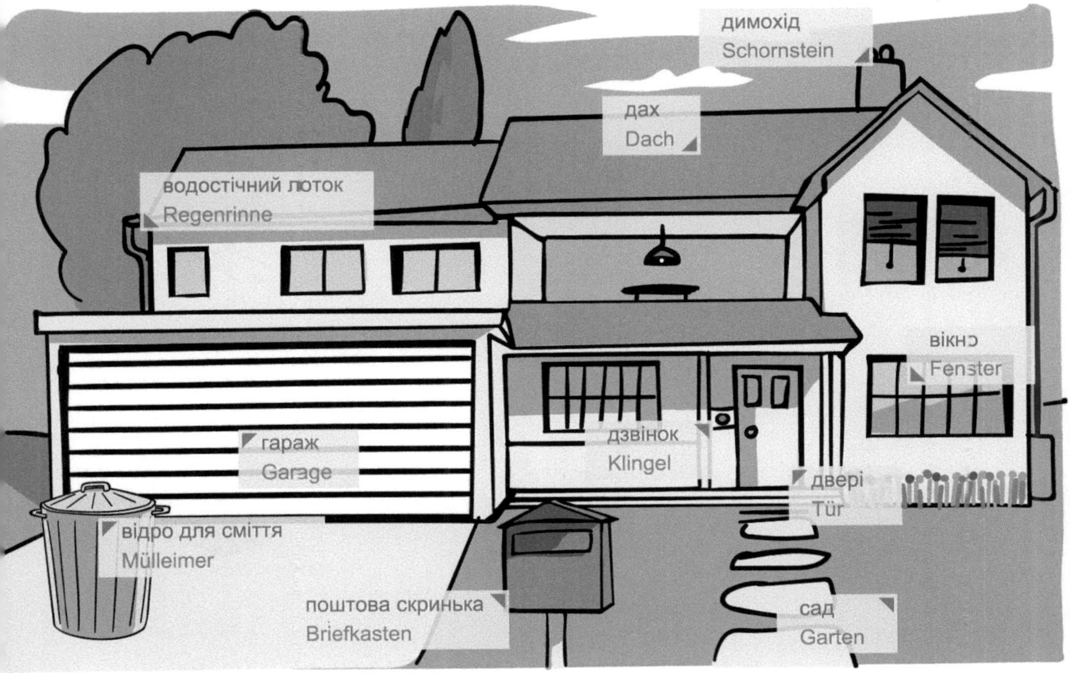

димохід
Schornstein

дах
Dach

водостічний лоток
Regenrinne

вікно
Fenster

гараж
Garage

дзвінок
Klingel

двері
Tür

відро для сміття
Mülleimer

поштова скринька
Briefkasten

сад
Garten

вітальня
Wohnzimmer

ванна кімната
Badezimmer

кухня
Küche

спальня
Schlafzimmer

дитяча кімната
Kinderzimmer

їдальня
Esszimmer

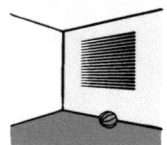

підлога

Boden

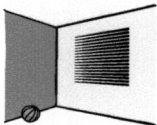

стіна

Wand

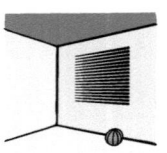

стеля

Decke

підвал

Keller

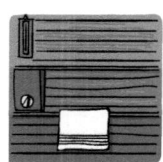

сауна

Sauna

балкон

Balkon

тераса

Terrasse

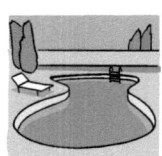

басейн

Schwimmbad

косарка

Rasenmäher

простирало

Bettbezug

ковдра

Bettdecke

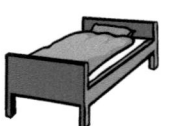

ліжко

Bett

мітла

Besen

відро

Eimer

перемикач

Schalter

вітальня
Wohnzimmer

шпалери
Tapete
малюнок
Bild
лампа
Lampe
поличка
Regal
шафа
Schrank
телевізор
Fernseher
камін
Kamin
квітка
Blume
подушка
Kissen
диван
Sofa
ваза
Vase
пульт
Fernbedienung

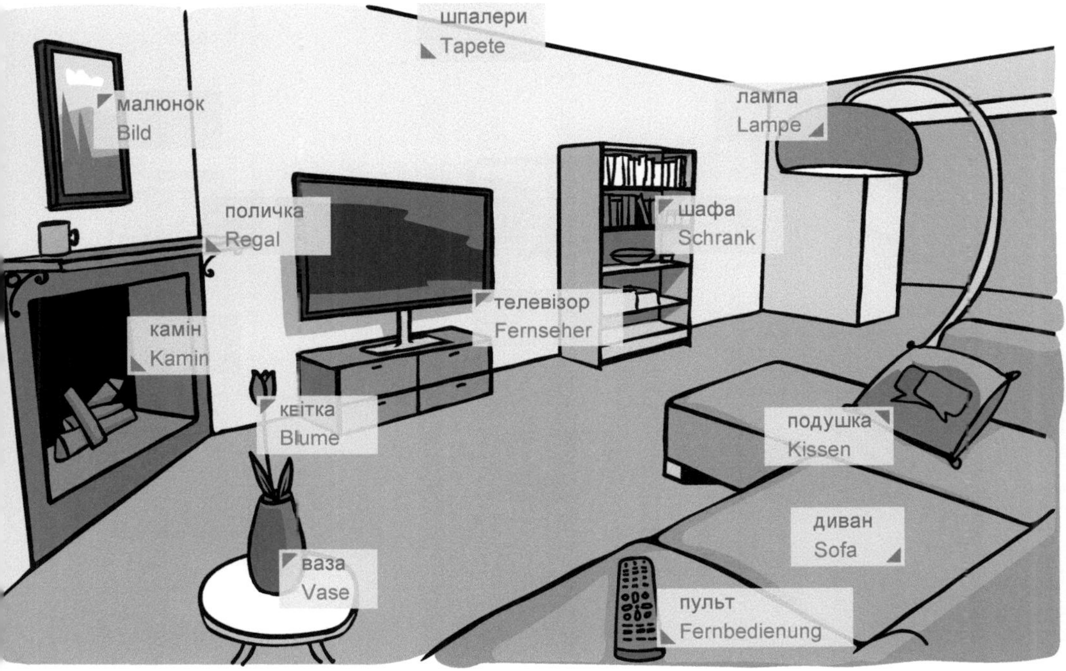

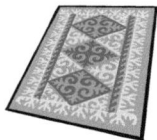

килим

Teppich

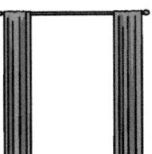

завіса

Vorhang

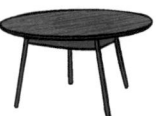

стіл

Tisch

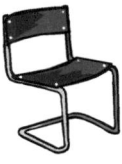

стілець

Stuhl

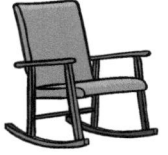

крісло-гойдалка

Schaukelstuhl

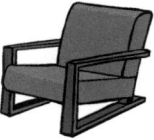

крісло

Sessel

книга

Buch

ковдра

Decke

прикраса

Dekoration

дрова

Feuerholz

фільм

Film

стереосистема

Stereoanlage

ключ

Schlüssel

газета

Zeitung

картина

Gemälde

плакат

Poster

радіо

Radio

блокнот

Notizblock

пилосос

Staubsauger

кактус

Kaktus

свічка

Kerze

кухня
Küche

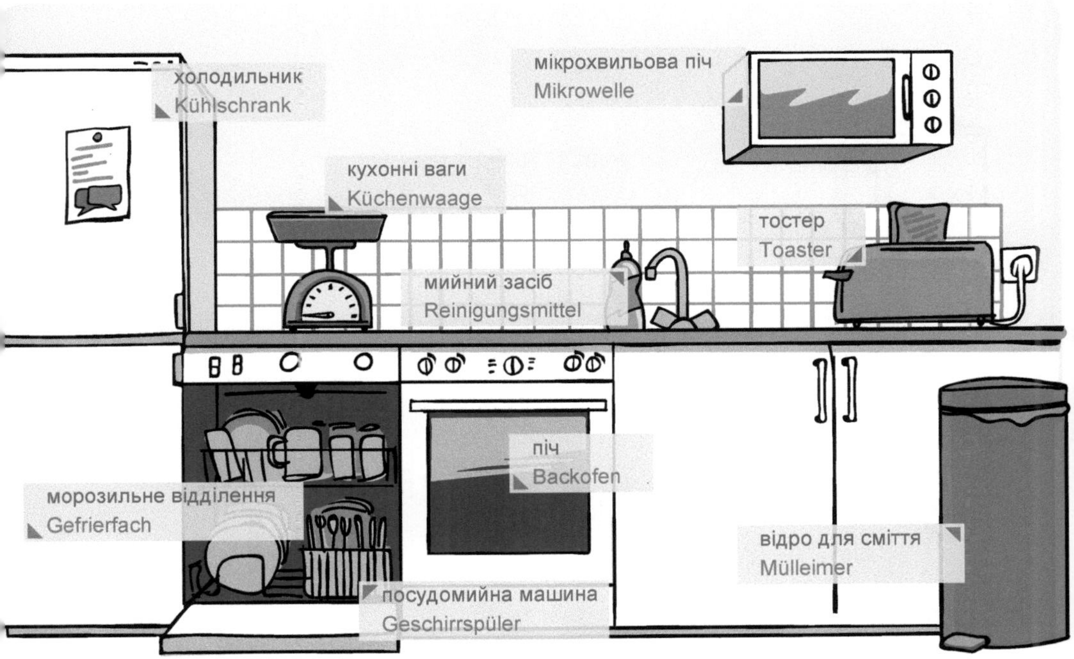

холодильник
Kühlschrank
мікрохвильова піч
Mikrowelle
кухонні ваги
Küchenwaage
тостер
Toaster
мийний засіб
Reinigungsmittel
піч
Backofen
морозильне відділення
Gefrierfach
відро для сміття
Mülleimer
посудомийна машина
Geschirrspüler

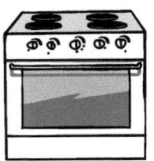

плита

Herd

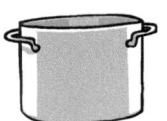

горщик

Topf

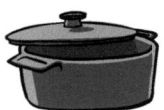

чавунний горщик

Eisentopf

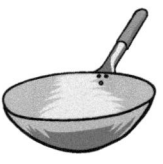

вок / кадай

Wok / Kadai

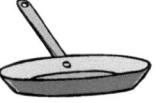

сковорода

Pfanne

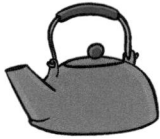

чайник

Wasserkocher

пароварка

Dampfgarer

лист

Backblech

посуд

Geschirr

кухоль

Becher

чаша

Schale

палички для їжі

Essstäbchen

черпак

Suppenkelle

лопатка

Pfannenwender

вінчик для збивання

Schneebesen

сито

Kochsieb

сито

Sieb

терка

Reibe

ступка

Mörser

барбекю

Grill

багаття

Feuerstelle

кухня - Küche

дошка

Schneidebrett

качалка

Nudelholz

штопор

Korkenzieher

конзерва

Dose

відкривачка

Dosenöffner

прихватки

Topflappen

раковина

Waschbecken

щітка

Bürste

губка

Schwamm

міксер

Mixer

морозильна камера

Gefriertruhe

дитяча пляшка

Babyflasche

кран

Wasserhahn

кухня - Küche

ванна кімната

Badezimmer

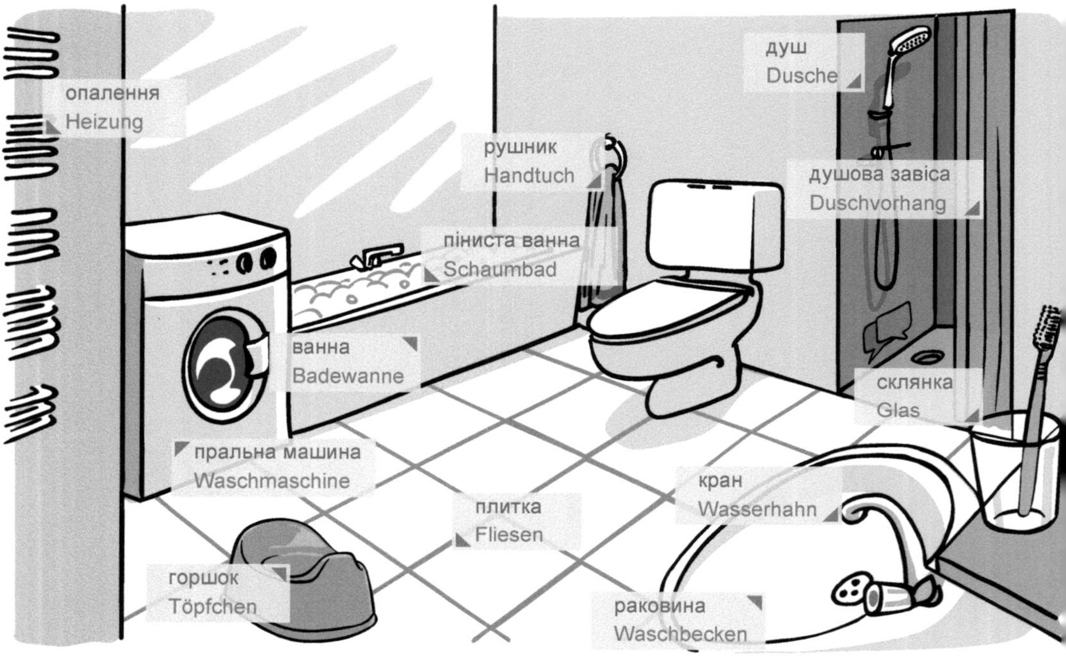
опалення
Heizung
рушник
Handtuch
душ
Dusche
душова завіса
Duschvorhang
пiниста ванна
Schaumbad
ванна
Badewanne
склянка
Glas
пральна машина
Waschmaschine
кран
Wasserhahn
плитка
Fliesen
горшок
Töpfchen
раковина
Waschbecken

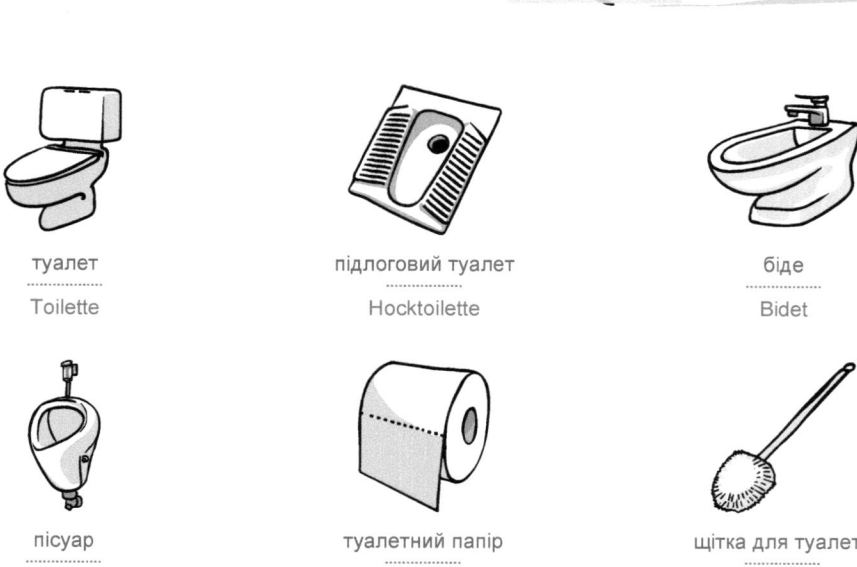

туалет

Toilette

підлоговий туалет

Hocktoilette

біде

Bidet

пісуар

Pissoir

туалетний папір

Toilettenpapier

щітка для туалету

Toilettenbürste

зубна щітка

Zahnbürste

зубна паста

Zahnpasta

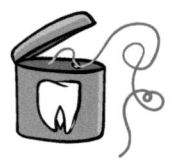

нитка для чищення зубів

Zahnseide

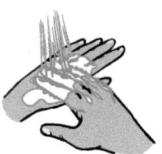

мити

waschen

ручний душ

Handbrause

інтимний душ

Intimdusche

таз

Waschschüssel

щітка для спини

Rückenbürste

мило

Seife

гель для душу

Duschgel

шампунь

Shampoo

мочалка

Waschlappen

водостік

Abfluss

крем

Creme

дезодорант

Deodorant

дзеркало

Spiegel

косметичне дзеркало

Kosmetikspiegel

бритва

Rasierer

піна для гоління

Rasierschaum

лосьйон після гоління

Rasierwasser

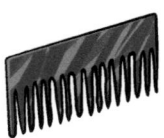

гребінь

Kamm

щітка

Bürste

фен

Föhn

лак для волосся

Haarspray

косметика

Makeup

губна помада

Lippenstift

лак для нігтів

Nagellack

вата

Watte

ножиці для нігтів

Nagelschere

парфум

Parfum

косметичка

Kulturbeutel

табурет

Hocker

ваги

Waage

халат

Bademantel

гумові рукавички

Gummihandschuhe

тампон

Tampon

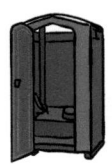

гігієнічні прокладки

Damenbinde

біотуалет

Chemietoilette

дитяча кімната
Kinderzimmer

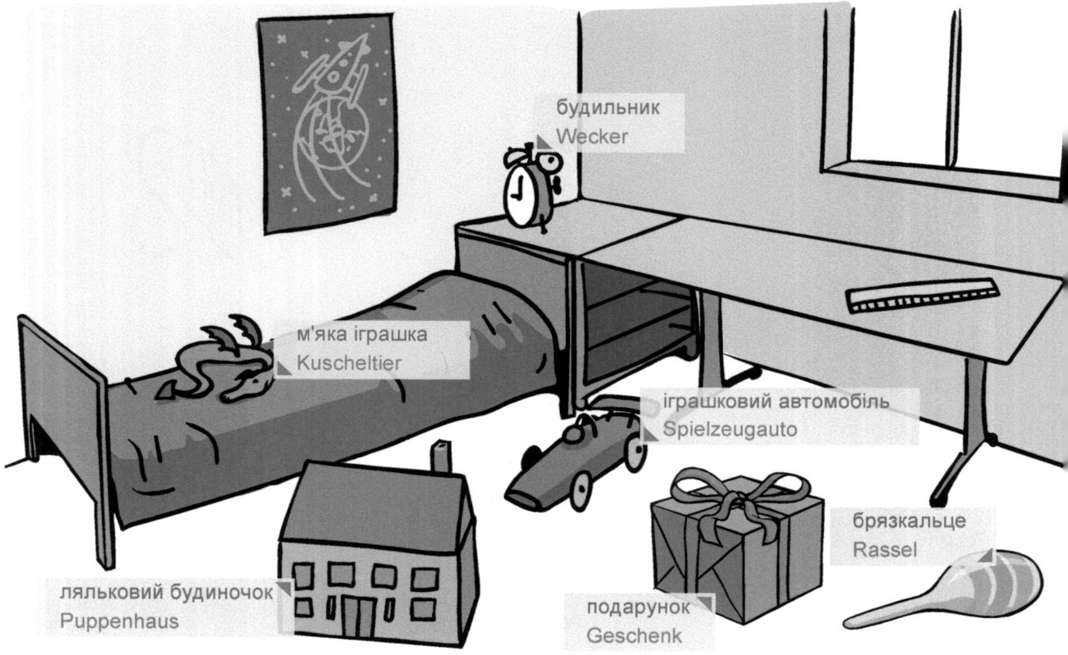
будильник
Wecker
м'яка іграшка
Kuscheltier
іграшковий автомобіль
Spielzeugauto
брязкальце
Rassel
ляльковий будиночок
Puppenhaus
подарунок
Geschenk

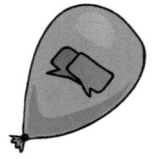

повітряна кулька

Ballon

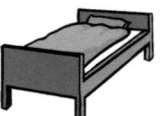

ліжко

Bett

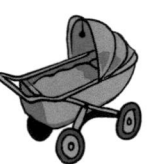

дитячий візок

Kinderwagen

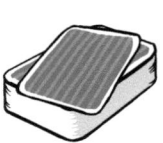

картярська гра

Kartenspiel

пазл

Puzzle

SUPER
MEGA

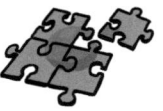

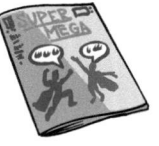

комікс

Comic

лего цеглинки

Legosteine

блоки

Bausteine

іграшкова фігурка

Action Figur

повзунки

Strampelanzug

фризбі

Frisbee

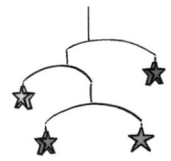

мобіле

Mobile

настільна гра

Brettspiel

кубик

Würfel

модель залізнична станція

Modelleisenbahn

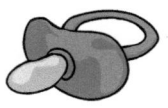

соска

Schnuller

вечірка

Party

книжка з картинками

Bilderbuch

м'яч

Ball

лялька

Puppe

грати

spielen

пісочниця

Sandkasten

гойдалка

Schaukel

іграшка

Spielzeug

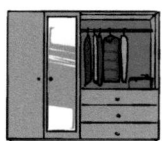

гральна консоль

Spielkonsole

триколісний велосипед

Dreirad

плюшевий мішка

Teddy

шафа

Kleiderschrank

одяг

Kleidung

шкарпетки

Socken

панчохи

Strümpfe

колготки

Strumpfhose

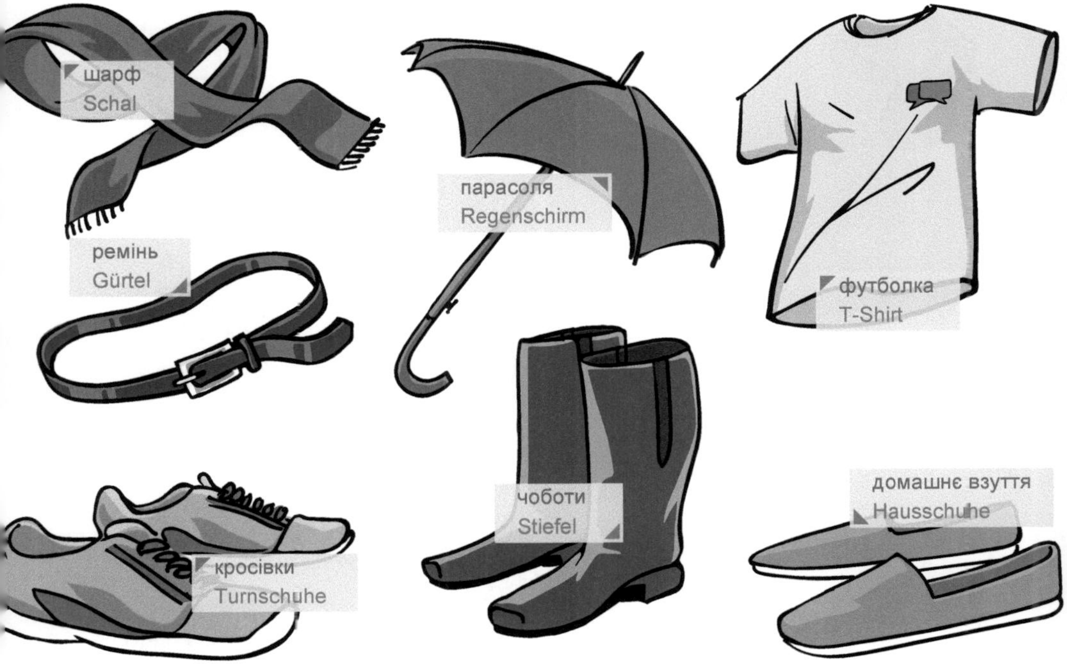

шарф
Schal

ремінь
Gürtel

парасоля
Regenschirm

футболка
T-Shirt

чоботи
Stiefel

домашнє взуття
Hausschuhe

кросівки
Turnschuhe

сандалі
....
Sandalen

взуття
....
Schuhe

гумові чоботи
....
Gummistiefel

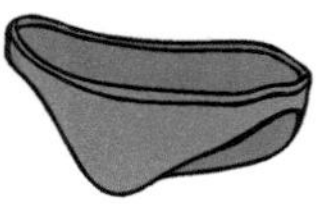

труси
....
Unterhose

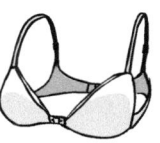

бюстгальтер
....
Büstenhalter

нижня сорочка
....
Unterhemd

боді

Body

штани

Hose

джинси

Jeans

спідниця

Rock

блузка

Bluse

сорочка

Hemd

пуловер

Pullover

светр

Kapuzenpullover

піджак

Blazer

куртка

Jacke

пальто

Mantel

дощовик

Regenmantel

костюм

Kostüm

сукня

Kleid

весільна сукня

Hochzeitskleid

костюм
Anzug

нічна сорочка
Nachthemd

піжама
Schlafanzug

сарі
Sari

головна хустка
Kopftuch

чалма
Turban

бурка
Burka

кафтан
Kaftan

абая
Abaya

купальник
Badeanzug

плавки
Badehose

шорти
Kurze Hose

тренувальний костюм
Trainingsanzug

фартух
Schürze

рукавички
Handschuhe

гудзик

Knopf

окуляри

Brille

браслет

Armband

ланцюг

Halskette

кільце

Ring

сережка

Ohrring

шапка

Mütze

плічка

Kleiderbügel

капелюх

Hut

краватка

Krawatte

застібка-блискавка

Reißverschluss

шолом

Helm

підтяжки

Hosenträger

шкільна форма

Schuluniform

уніформа

Uniform

нагрудник

Lätzchen

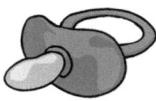

соска

Schnuller

підгузок

Windel

офіс
Büro

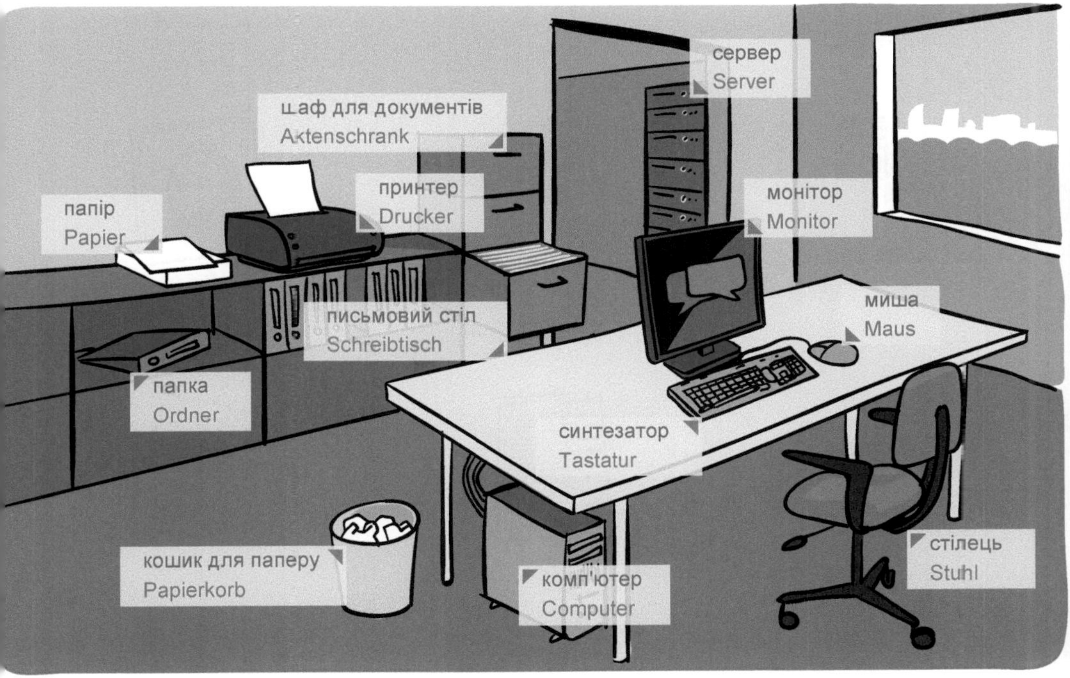

сервер
Server

шаф для документів
Aktenschrank

принтер
Drucker

монітор
Monitor

папір
Papier

письмовий стіл
Schreibtisch

миша
Maus

папка
Ordner

синтезатор
Tastatur

кошик для паперу
Papierkorb

комп'ютер
Computer

стілець
Stuhl

кавовий кухоль

Kaffeebecher

калькулятор

Taschenrechner

інтернет

Internet

ноутбук
Laptop

лист
Brief

повідомлення
Nachricht

мобільний телефон
Handy

мережа
Netzwerk

копіювальний пристрій
Kopierer

програмне забезпечення
Software

телефон
Telefon

розетка
Steckdose

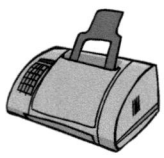
факс
Fax

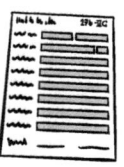
бланк
Formular

документ
Dokument

купувати

kaufen

платити

bezahlen

торгувати

handeln

гроші

Geld

долар

Dollar

євро

Euro

ієна

Yen

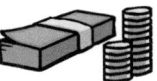

рубль

Rubel

франк

Franken

юанів женьміньбі

Renminbi Yuan

рупія

Rupie

банкомат

Geldautomat

обмінний пункт

Wechselstube

золото

Gold

срібло

Silber

нафта

Öl

енергія

Energie

ціна

Preis

контракт

Vertrag

податок

Steuer

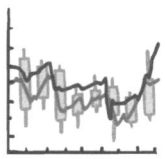

акція

Aktie

працювати

arbeiten

працівник

Angestellter

роботодавець

Arbeitgeber

фабрика

Fabrik

магазин

Geschäft

економіка - Wirtschaft

професії
Berufe

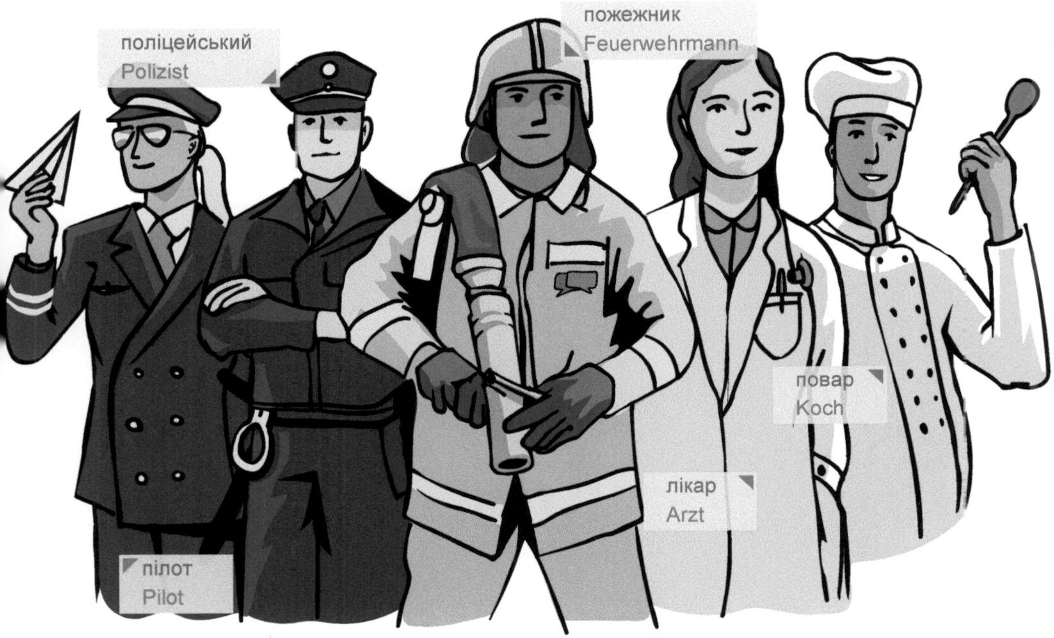

поліцейський
Polizist
пожежник
Feuerwehrmann
повар
Koch
лікар
Arzt
пілот
Pilot

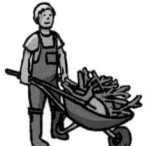

садівник

Gärtner

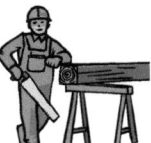

столяр

Tischler

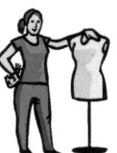

швачка

Näherin

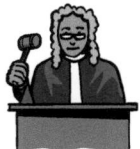

суддя

Richter

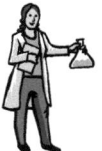

хімік

Chemiker

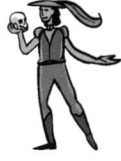

актор

Schauspieler

водій автобуса

Busfahrer

таксист

Taxifahrer

рибалка

Fischer

прибиральниця

Putzfrau

покрівельник

Dachdecker

офіціант

Kellner

мисливець

Jäger

художник

Maler

пекар

Bäcker

електрик

Elektriker

будівельник

Bauarbeiter

інженер

Ingenieur

забійник

Schlachter

бляхар

Klempner

листоноша

Postbote

солдат

Soldat

архітектор

Architekt

касир

Kassierer

флорист

Florist

перукар

Friseur

кондуктор

Schaffner

механік

Mechaniker

капітан

Kapitän

дантист

Zahnarzt

вчений

Wissenschaftler

рабин

Rabbi

імам

Imam

монах

Mönch

пастор

Geistlicher

інструменти
Werkzeuge

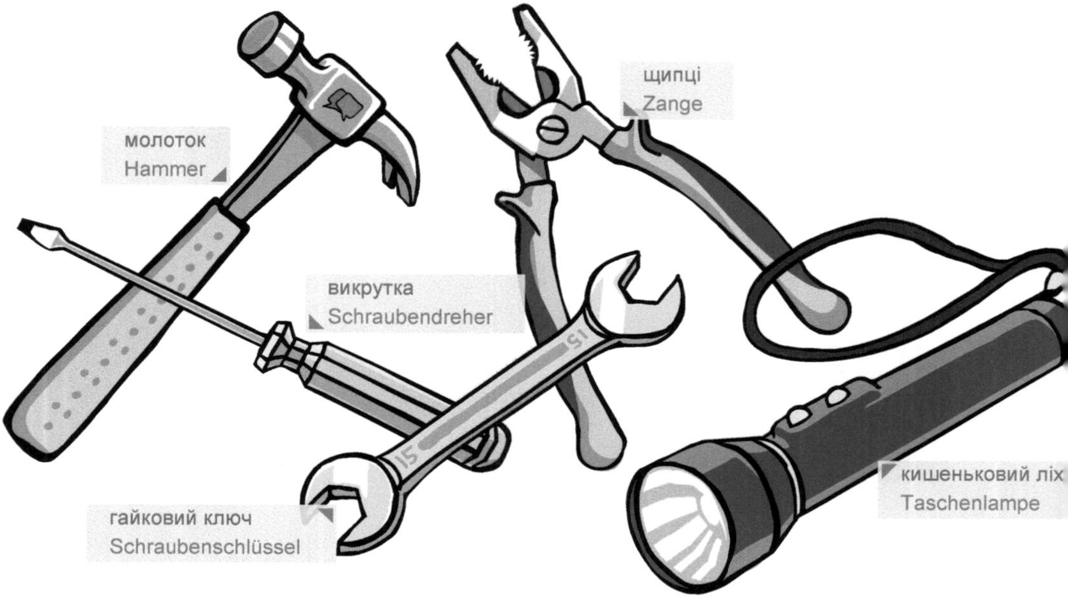
молоток
Hammer
щипці
Zange
викрутка
Schraubendreher
гайковий ключ
Schraubenschlüssel
кишеньковий ліхтар
Taschenlampe

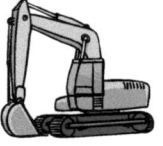

екскаватор

Bagger

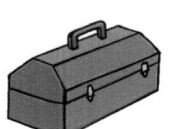

ящик для інструментів

Werkzeugkasten

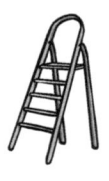

драбина

Leiter

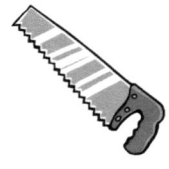

пилка

Säge

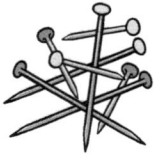

цвяхи

Nägel

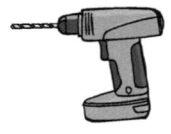

свердло

Bohrer

ремонтувати

reparieren

лопата

Schaufel

лайно!

Mist!

совок

Kehrblech

відро з фарбою

Farbtopf

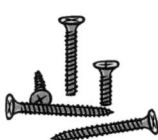

гвинти

Schrauben

музичні інструменти
Musikinstrumente

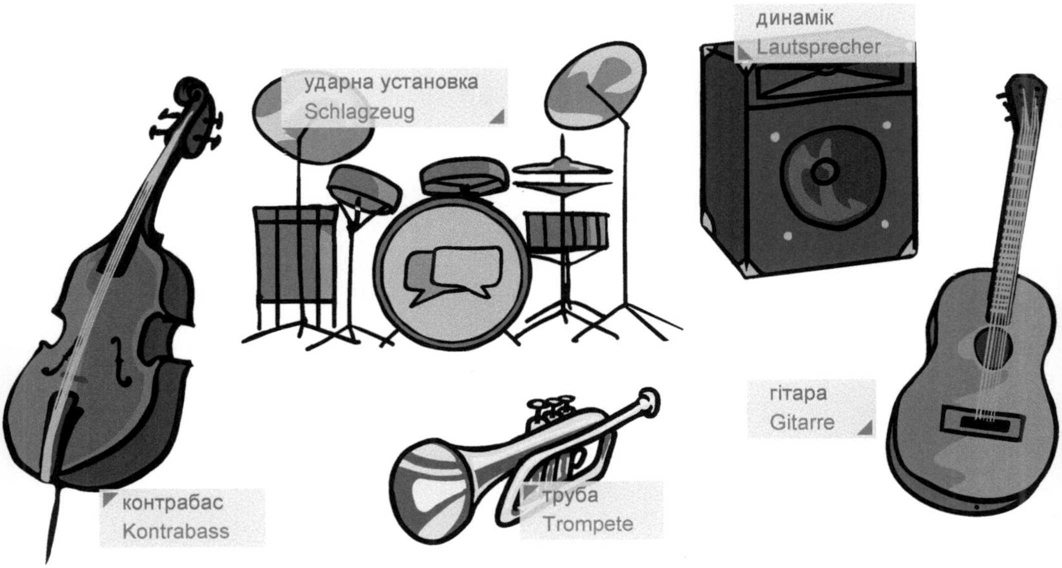

динамік
Lautsprecher

ударна установка
Schlagzeug

гітара
Gitarre

контрабас
Kontrabass

труба
Trompete

фортепіано

Klavier

скрипка

Violine

бас

Bass

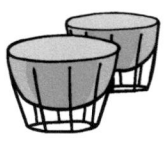

литаври

Pauke

барабан

Trommeln

клавіатура

Keyboard

саксофон

Saxophon

флейта

Flöte

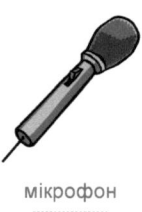

мікрофон

Mikrofon

зоопарк

Zoo

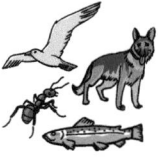

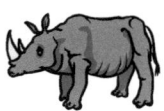

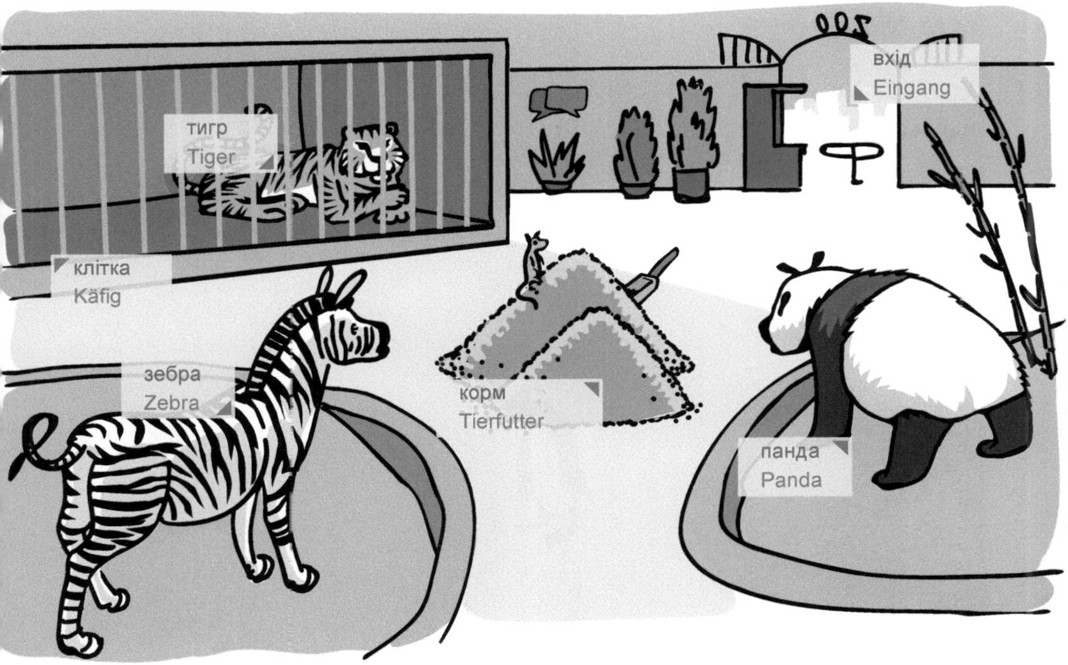

тигр
Tiger
вхід
Eingang
клітка
Käfig
зебра
Zebra
корм
Tierfutter
панда
Panda

тварини

Tiere

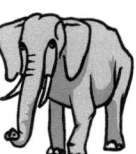

слон

Elefant

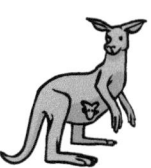

кенгуру

Känguru

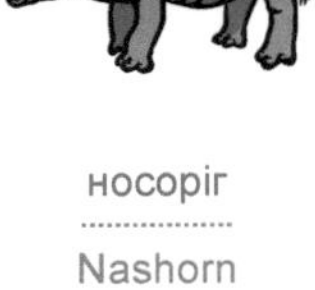

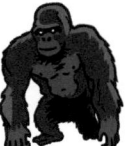

носоріг

Nashorn

горила

Gorilla

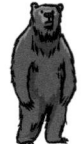

ведмідь

Bär

верблюд

Kamel

страус

Strauß

лев

Löwe

мавпа

Affe

фламінго

Flamingo

папуга

Papagei

білий ведмідь

Eisbär

пінгвін

Pinguin

акула

Hai

павич

Pfau

змія

Schlange

крокодил

Krokodil

працівник зоопарку

Zoowärter

тюлень

Robbe

ягуар

Jaguar

зоопарк - Zoo

поні

Pony

леопард

Leopard

гіпопотам

Nilpferd

жираф

Giraffe

орел

Adler

кабан

Wildschwein

риба

Fisch

черепаха

Schildkröte

морж

Walross

лисиця

Fuchs

газель

Gazelle

зоопарк - Zoo

американський футбол
American Football

їзда на велосипеді
Radfahren

теніс
Tennis

баскетбол
Basketball

плавання
Schwimmen

бокс
Boxen

хокей
Eishockey

футбол
Fußball

бадмінтон
Badminton

легка атлетика
Leichtathletik

гандбол
Handball

лижні перегони
Skilaufen

поло
Polo

дії

Aktivitäten

сміятися
lachen
стрибати
springen
обіймати
umarmen
йти
gehen
співати
singen
мріяти
träumen
молитися
beten
цілувати
küssen

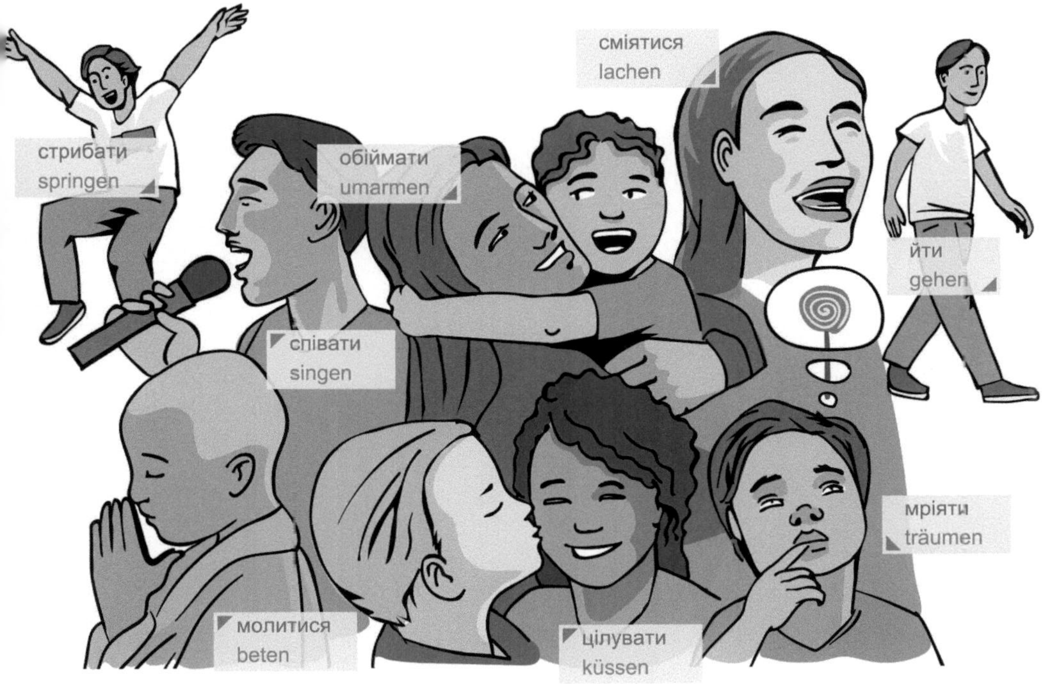

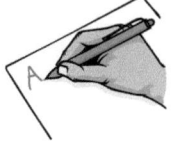

писати

schreiben

малювати

zeichnen

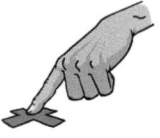

показувати

zeigen

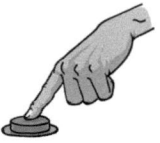

тиснути

drücken

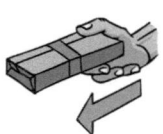

давати

geben

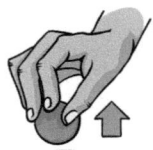

брати

nehmen

мати

haben

робити

tun

бути

sein

стояти

stehen

бігати

laufen

тягнути

ziehen

кидати

werfen

падати

fallen

лежати

liegen

очікувати

warten

носити

tragen

сидіти

sitzen

одягати

anziehen

спати

schlafen

просипатися

aufwachen

дії - Aktivitäten

дивитися

ansehen

плакати

weinen

гладити

streicheln

розчісувати

kämmen

розмовляти

reden

розуміти

verstehen

питати

fragen

слухати

hören

пити

trinken

їсти

essen

прибирати

aufräumen

любити

lieben

варити

kochen

їхати

fahren

літати

fliegen

йти під вітрилом

segeln

рахувати

rechnen

читати

lesen

вчитися

lernen

працювати

arbeiten

одружуватися

heiraten

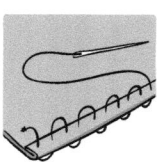

шити

nähen

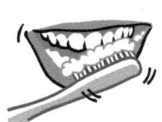

чистити зуби

Zähne putzen

убивати

töten

курити

rauchen

посилати

senden

бабуся
Großmutter

дідуся
Großvater

батько
Vater

мати
Mutter

немовля
Baby

донька
Tochter

син
Sohn

гість
Gast

тітка
Tante

дядько
Onkel

брат
Bruder

сестра
Schwester

тіло
Körper

чоло
Stirn
око
Auge
плече
Schulter
палець
Finger
обличчя
Gesicht
підборіддя
Kinn
кисть
Hand
груди
Brust
нога
Bein
рука
Arm

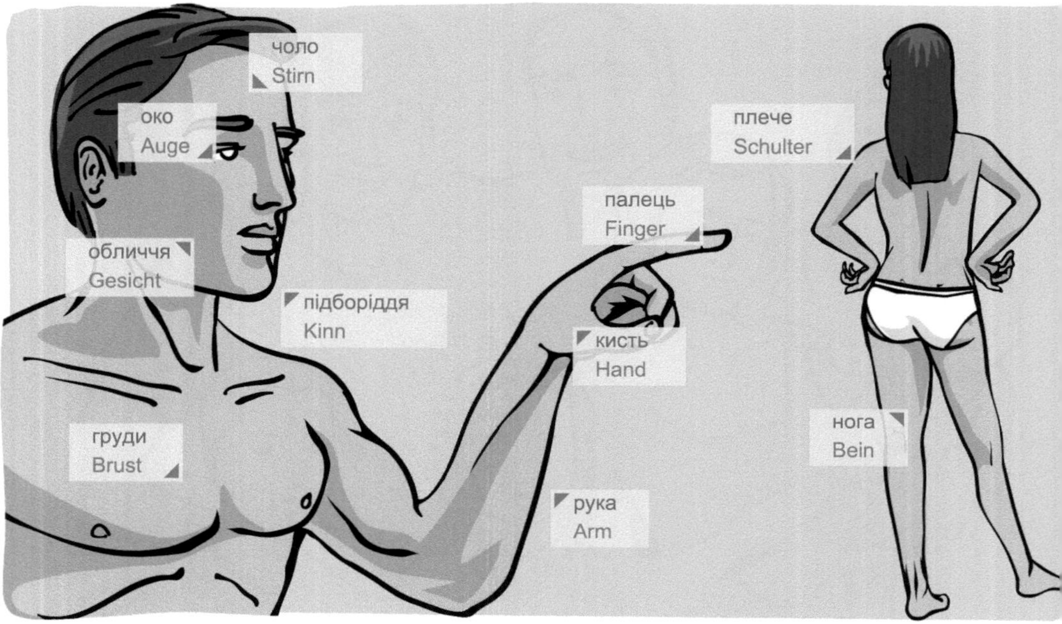

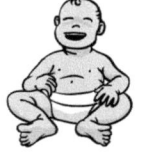

немовля

Baby

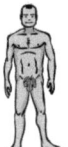

чоловік

Mann

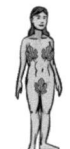

жінка

Frau

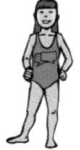

дівчина

Mädchen

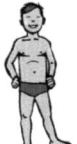

хлопчик

Junge

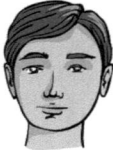

голова

Kopf

спина

Rücken

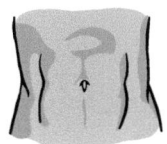

живіт

Bauch

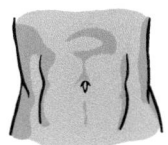

пуп

Nabel

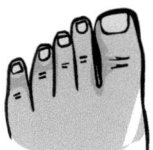

палець ноги

Zeh

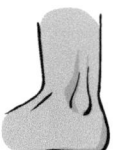

п'ята

Ferse

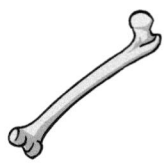

кістка

Knochen

стегно

Hüfte

коліно

Knie

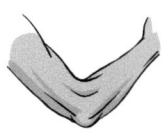

лікоть

Ellenbogen

ніс

Nase

сідниці

Gesäß

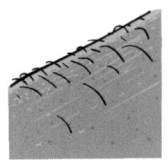

шкіра

Haut

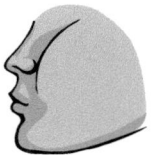

щока

Wange

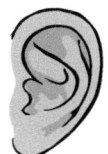

вухо

Ohr

губа

Lippe

рот

Mund

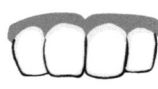

зуб

Zahn

язик

Zunge

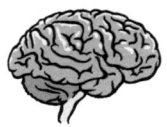

мозок

Gehirn

серце

Herz

м'яз

Muskel

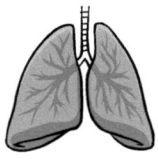

легені

Lunge

печінка

Leber

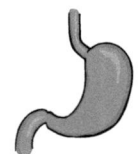

шлунок

Magen

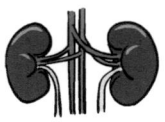

нирки

Nieren

статевий акт

Geschlechtsverkehr

презерватив

Kondom

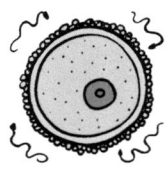

яйцеклітина

Eizelle

сперма

Sperma

вагітність

Schwangerschaft

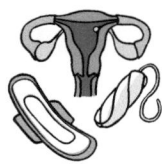

менструація

Menstruation

вагіна

Vagina

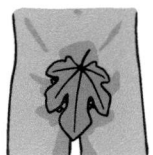

пеніс

Penis

брова

Augenbraue

волосся

Haar

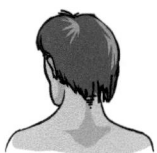

шия

Hals

лікарня
Krankenhaus

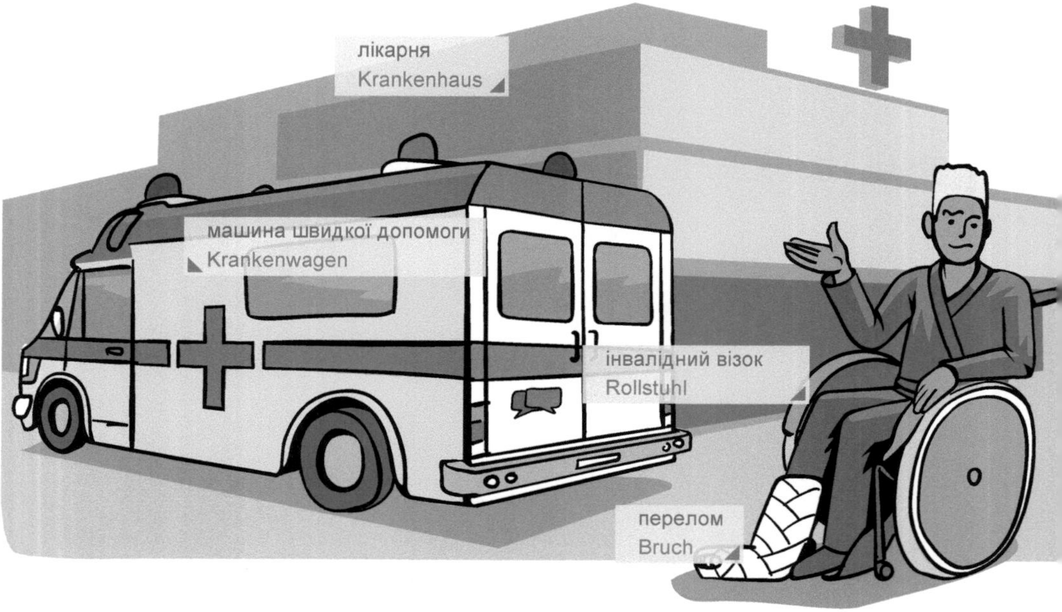

лікарня
Krankenhaus
машина швидкої допомоги
Krankenwagen
інвалідний візок
Rollstuhl
перелом
Bruch

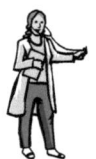

лікар

Arzt

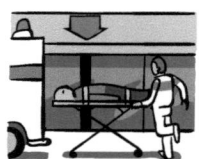

відділення швидкої медичної допомоги

Notaufnahme

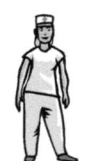

медсестра

Krankenschwester

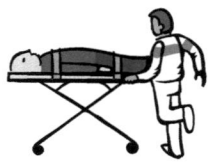

аварійний випадок

Notfall

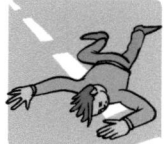

непритомний

ohnmächtig

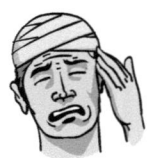

біль

Schmerz

травма

Verletzung

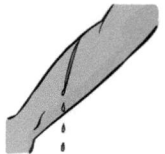

кровотеча

Blutung

інфаркт

Herzinfarkt

інсульт

Schlaganfall

алергія

Allergie

кашель

Husten

лихоманка

Fieber

грип

Grippe

пронос

Durchfall

головна біль

Kopfschmerzen

рак

Krebs

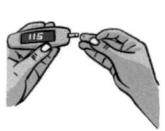

діабет

Diabetis

хірург

Chirurg

скальпель

Skalpell

операція

Operation

лікарня - Krankenhaus

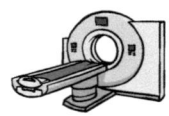

КТ
CT

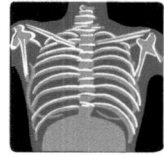

рентген
Röntgen

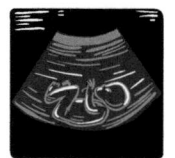

ультразвук
Ultraschall

маска
Maske

хвороба
Krankheit

зал очікування
Wartezimmer

милиця
Krücke

пластир
Pflaster

пов'язка
Verband

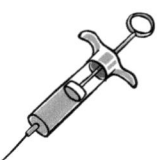

ін'єкція
Injektion

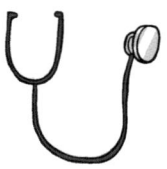

стетоскоп
Stethoskop

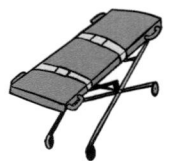

ноші
Trage

термометр
Thermometer

народження
Geburt

надмірна вага
Übergewicht

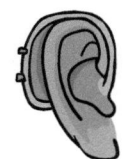

слуховий апарат

Hörgerät

дезінфікуючий засіб

Desinfektionsmittel

інфекція

Infektion

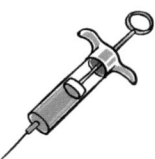

вірус

Virus

ВІЛ / СНІД

HIV / AIDS

медицина

Medizin

вакцинація

Impfung

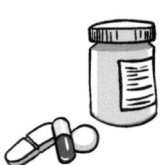

таблетки

Tabletten

протизаплідна пігулка

Pille

екстрений виклик

Notruf

тонометр

Blutdruck-Messgerät

хворий / здоровий

krank / gesund

Допоможіть!

Hilfe!

сигнал тривоги

Alarm

напад

Überfall

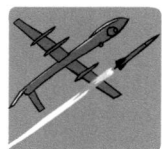

атака

Angriff

небезпека

Gefahr

аварійний вихід

Notausgang

Вогонь!

Feuer!

вогнегасник

Feuerlöscher

аварія

Unfall

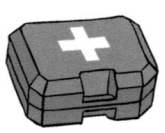

аптечка

Erste-Hilfe-Koffer

COC

SOS

поліція

Polizei

Європа

Europa

Північна Америка

Nordamerika

Південна Америка

Südamerika

Африка

Afrika

Азія

Asien

Австралія

Australien

Атлантика

Atlantik

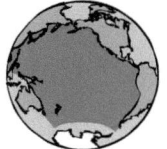

Тихий океан

Pazifik

Індійський океан

Indischer Ozean

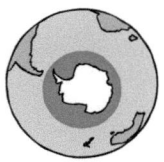

Антарктичний океан

Antarktischer Ozean

Північний Льодовитий океан

Arktischer Ozean

Північний полюс

Nordpol

Південний полюс

Südpol

Антарктика

Antarktis

Земля

Erde

суша

Land

море

Meer

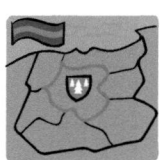

острів

Insel

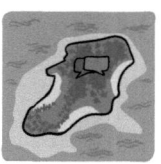

нація

Nation

держава

Staat

циферблат

Zifferblatt

годинникова стрілка

Stundenzeiger

хвилинна стрілка

Minutenzeiger

секундна стрілка

Sekundenzeiger

Котра година?

Wie spät ist es?

день

Tag

час

Zeit

зараз

jetzt

цифровий годинник

Digitaluhr

хвилина

Minute

година

Stunde

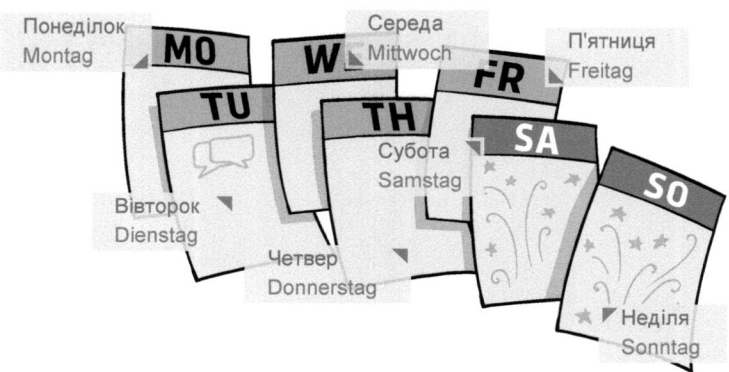

Понеділок
Montag

Середа
Mittwoch

П'ятниця
Freitag

Вівторок
Dienstag

Субота
Samstag

Четвер
Donnerstag

Неділя
Sonntag

вчора

gestern

сьогодні

heute

завтра

morgen

ранок

Morgen

опівдні

Mittag

вечір

Abend

робочі дні

Arbeitstage

кінець робочого тижня

Wochenende

рік

Jahr

дощ
Regen
веселка
Regenbogen
вітер
Wind
сніг
Schnee
весна
Frühling
осінь
Herbst
літо
Sommer
зима
Winter

4.APRIL 11°
5.APRIL 4°
6.APRIL 13°
7.APRIL 8°
8.APRIL 10°

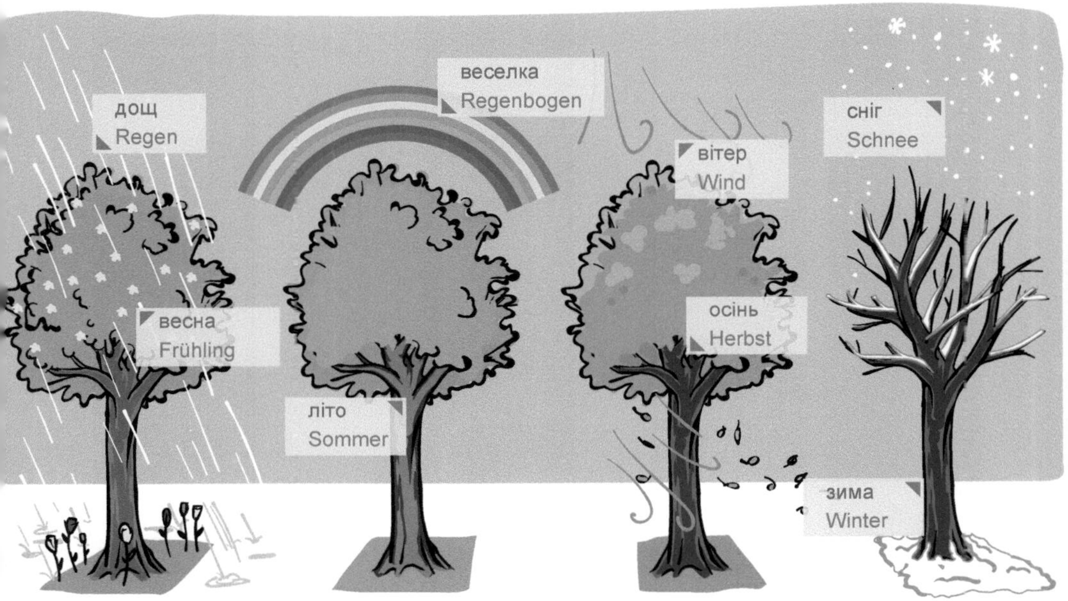

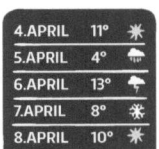

прогноз погоди

Wettervorhersage

F C
120 40
90 30
60 20
30 10
0 0
-30 -10
-20

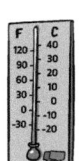

термометр

Thermometer

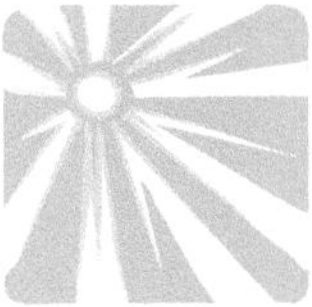

сонячне світло

Sonnenschein

хмара

Wolke

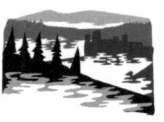

туман

Nebel

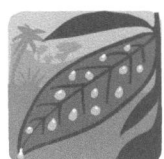

вологість повітря

Luftfeuchtigkeit

блискавка

Blitz

грім

Donner

шторм

Sturm

град

Hagel

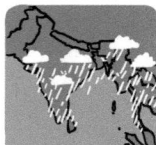

мусон

Monsun

повінь

Flut

лід

Eis

Січень

Januar

Лютий

Februar

Березень

März

Квітень

April

Травень

Mai

Червень

Juni

Липень

Juli

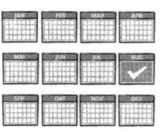

Серпень

August

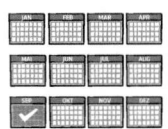

Вересень

September

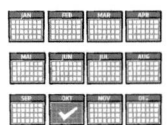

Жовтень

Oktober

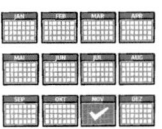

Листопад

November

Грудень

Dezember

форми

Formen

круг

Kreis

квадрат

Quadrat

прямокутник

Rechteck

трикутник

Dreieck

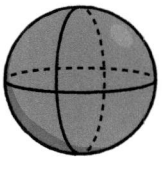

куля

Kugel

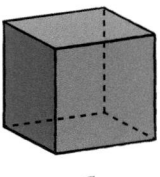

куб

Würfel

білий
weiß

жовтий
gelb

помаранчевий
orange

рожевий
pink

червоний
rot

фіолетовий
lila

синій
blau

зелений
grün

коричневий
braun

сірий
grau

чорний
schwarz

багато / мало

viel / wenig

лютий / мирний

wütend / friedlich

гарний / бридкий

hübsch / hässlich

початок / кінець

Anfang / Ende

великий / малий

groß / klein

світлий / темний

hell / dunkel

брат / сестра

Bruder / Schwester

чистий / брудний

sauber / schmutzig

завершений / незавершений

vollständig / unvollständig

день / ніч

Tag / Nacht

мертвий / живий

tot / lebendig

широкий / вузький

breit / schmal

їстівний / неїстівний

genießbar / ungenießbar

злий / дружній

böse / freundlich

збуджений / нудьгуючий

aufgeregt / gelangweilt

товстий / тонкий

dick / dünn

спочатку / востаннє

zuerst / zuletzt

друг / ворог

Freund / Feind

повний / порожній

voll / leer

жорсткий / м'який

hart / weich

важкий / легкий

schwer / leicht

голод / спрага

Hunger / Durst

хворий / здоровий

krank / gesund

незаконний / законний

illegal / legal

розумний / дурний

intelligent / dumm

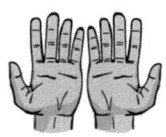

вліво / вправо

links / rechts

поруч / далеко

nah / fern

новий / використаний

neu / gebraucht

нічого / щось

nichts / etwas

старий / молодий

alt / jung

вкл / викл

an / aus

відкрито / закрито

offen / geschlossen

тихо / гучно

leise / laut

багатий / бідний

reich / arm

правильно / неправильно

richtig / falsch

шорсткий / гладкий

rau / glatt

сумний / щасливий

traurig / glücklich

короткий / довгий

kurz / lang

повільно / швидко

langsam / schnell

вологий / сухий

nass / trocken

гарячий / холодний

warm / kühl

війна / мир

Krieg / Frieden

протилежності - Gegenteile

0

нуль

null

1

один

eins

2

два

zwei

3

три

drei

4

чотири

vier

5

п'ять

fünf

6

шість

sechs

7

сім

sieben

8

вісім

acht

9

дев'ять

neun

10

десять

zehn

11

одинадцять

elf

12
дванадцять
zwölf

13
тринадцять
dreizehn

14
чотирнадцять
vierzehn

15
п'ятнадцять
fünfzehn

16
шістнадцять
sechzehn

17
сімнадцять
siebzehn

18
вісімнадцять
achtzehn

19
дев'ятнадцять
neunzehn

20
двадцять
zwanzig

100
сто
hundert

1.000
тисяча
tausend

1.000.000
мільйон
million

Sprachen

англійська
....
Englisch

американська англійська
....
Amerikanisches Englisch

китайська високочиновницька
....
Chinesisch Mandarin

хінді
....
Hindi

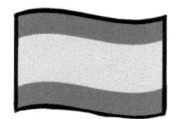

іспанська
....
Spanisch

французька
....
Französisch

арабська
....
Arabisch

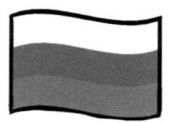

російська
....
Russisch

португальська
....
Portugiesisch

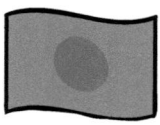

бенгальська
....
Bengalisch

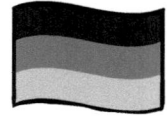

німецька
....
Deutsch

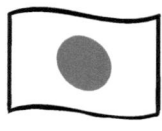

японська
....
Japanisch

я

ich

ти

du

він / вона / воно

er / sie / es

ми

wir

ви

ihr

вони

sie

хто?

wer?

що?

was?

як?

wie?

де?

wo?

коли?

wann?

ім'я

Name

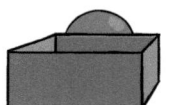

ззаду

hinter

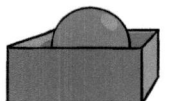

в

in

перед

vor

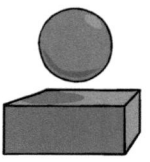

над

über

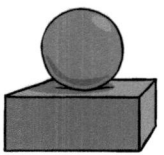

на

auf

під

unter

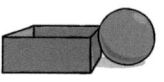

біля

neben

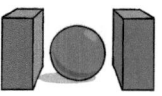

між

zwischen

місце

Ort